Allemaal onderweg

Eerste druk, 2018
© Deze editie Uitgeverij Rubinstein, 2018

Oorspronkelijke titel: *We travel so far*, verschenen bij The Quarto Group, Londen

Tekst: Laura Knowles
Illustraties: Chris Madden
Vertaling: Joukje Akveld
Vormgeving: Villa Grafica
© Quarto Publishing plc, 2017
Alle rechten voorbehouden
Gedrukt in China

ISBN: 9789047625223

www.rubinstein.nl

Voor Abi & Elliot, mijn hele wereld.
Ik hou van jullie.
C.M.

Voor mijn vrienden en familie ver weg.
L.K.

Allemaal onderweg

Laura Knowles
met illustraties van Chris Madden
vertaald door Joukje Akveld

INHOUD

Echt gebeurd	6
Het verhaal van de lederschildpad	8
Het verhaal van de bultrug	10
Het verhaal van de rode zalm	12
Het verhaal van de Caribische langoest	14
Het verhaal van de zeeolifant	16
Het verhaal van de paling	18
Het verhaal van de robijnkeelkolibrie	20
Het verhaal van de reuzenalbatros	22
Het verhaal van de monarchvlinder	24
Het verhaal van de trompetkraanvogel	26
Het verhaal van de vliegende hond	28
Het verhaal van de Indische gans	30
Het verhaal van de woestijnsprinkhaan	32
Het verhaal van de Noordse stern	34

Het verhaal van de zebra	36
Het verhaal van de gnoe	38
Het verhaal van de ijsbeer	40
Het verhaal van de rode landkrab	42
Het verhaal van de kousenbandslang	44
Het verhaal van het rendier	46
Het verhaal van de pad	48
Het verhaal van de Afrikaanse olifant	50
Het verhaal van de berglemming	52
Het verhaal van de keizerspinguïn	54
Het verhaal van de Galapagos-landleguaan	56
Het verhaal van de mensen	58
Wereldkaart	60
Reisfeitjes	62

Echt gebeurd

Alle verhalen in dit boek gebeuren echt, nu, terwijl je dit leest. Ze gaan over ongelooflijke dierenreizen: onder water, door de lucht en over land.

Zulke reizen noemen we 'migratie'.

Vaak gaan dieren op reis als het seizoen verandert. Soms gaan ze op zoek naar voedsel. Soms naar een goede plek om te paren en kleintjes te krijgen. Soms om al die redenen tegelijk.

Het is hun instinct dat de dieren op reis stuurt: het staat op hun harde schijf als ze geboren worden.

In dit boek vind je veel verhalen over migrerende dieren, maar niet álle. Er zijn nog veel meer dieren die elk jaar reusachtige afstanden afleggen.

De volgende keer dat je een vogel ziet overvliegen, bedenk dan: misschien komt hij wel helemaal uit Afrika!

Wij zijn de
lederschildpadden.

Recordbrekers van de oceaan.

We zwemmen wel 10.000 kilometer op zoek naar de lekkerste kwallen.

Wij zijn de **bultruggen**,

lange-afstand-zwemmers,
zwervers van de oceaan.

In de winter trekken we naar warme, tropische zeeën.

Daar vinden we de perfecte plek om onze baby's te krijgen.

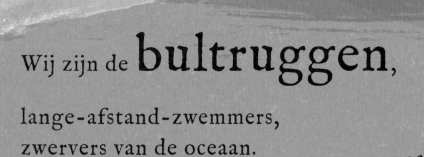

Maar wordt het zomer, dan zwemmen we naar de koude poolwateren.

We eten zo veel krill en vis dat we er weer een jaar tegen kunnen.

Wij zijn de **rode zalmen**,
glinsterende glibberaars.

We zijn de oceaan overgestoken, op weg naar onze geboorterivieren.

Dwars tegen de stroom in gaan we,

tegen **watervallen** op,

door het **wervelende water**,

langs **hongerige beren**!

Als we een kalm beekje vinden, leggen we onze eitjes.

Onze reis is voorbij, maar onze kinderen zullen straks hun eigen reis beginnen, helemaal naar de oceaan.

Wij zijn de Caribische langoesten.

We leven in het ondiepe water langs de kust.
We verstoppen ons in hoekjes en gaten.
We houden van een warme, rustige zee.

Maar komt de winter,
dan komen ook de stormen.

Snel!

We moeten naar
dieper water waar
de golven niet zo klotsen.

Het is een gek gezicht hoor.
We vormen een lange stekelige slinger
die over de zeebodem kruipt.

Hoe we de weg vinden?
Met ons eigen magnetische kompas!

Wij zijn de **zeeolifanten**,
spekvette avonturiers van de oceaan.

Twee keer per jaar gaan we op reis.

In de winter zijn de stranden van Mexico en Californië
de kraamkamers waar we onze jongen krijgen.

Drie maanden lang leven we van ons vet.
Langzaam worden we dun en hongerig.

Als de lente komt, plonzen we in de
Grote Oceaan op zoek naar voedsel.

We zwemmen! We eten!
Mmm, het is lekker om weer dik te zijn!

In de zomer peddelen we terug naar onze
stranden om te vervellen.

Dan is het tijd om weer te gaan. We duiken
in zee om te eten vóór de winter komt.

Wij zijn de **palingen**,
dunne, gladde zwemmers.

Het langste deel van ons leven wonen we in Europese rivieren.
Daar worden we **groot**,
en **oud**,
en **wachten** we.

Tot we op reis gaan naar de kust.
Onze ogen worden groot, onze donkere schubben veranderen in een glinsterend zilver.

We zwemmen dwars door de
reusachtige Atlantische Oceaan
naar de Sargassozee.

Daar leggen we onze eitjes.

Uit die eitjes komen larfjes.

En die larfjes drijven terug naar de rivieren,
waar ze uitgroeien tot jonge palingen, klaar om
groot en oud te worden - en te wachten.

Wij zijn de robijnkeelkolibries,
op nectar lopende veerbolletjes.

Niet meer dan twee eurocent wegen we,
toch reizen we 12.000 kilometer per jaar.

In de lente vliegen we de bloemen achterna, dwars door Noord-Amerika.

In de zomer bouwen we onze nesten en krijgen kuikentjes.

Als de herfst komt vliegen we naar het warme Midden-Amerika voor meer eten.

Wij zijn de **reuzenalbatrossen**,
breed-gevleugelde windzeilers.

We scheren over de golven, we zweven boven zee.

Hangend tegen de wind houden we onze vluchten urenlang vol.

We eten 's nachts en slapen drijvend op de deinende oceaan.
Alleen om te broeden gaan we eens in de twee jaar aan land.

Daar zoeken we een liefje en met wijd gespreide vleugels dansen we de albatrosdans.

Wij zijn de **monarchvlinders.**

Wolken oranje dwarrelpracht.
Weinig insecten reizen zo ver als wij.

Na een zomer nectar eten
zwermen we door de lucht.

Vanuit Canada en Noord-Amerika fladderen we naar de kusten van Californië en Mexico: miljoenen vlinders, allemaal op weg naar het zuiden.

Komen we bij onze overwinteringsplek, dan hangen we in trosjes aan de bomen en slapen tot de lente.

Wij zijn de **trompetkraanvogels**, spierwitte vliegeniers aan een blauwe hemel.

We trekken over heel Noord-Amerika om in het zuiden te overwinteren.

Ooit waren mensen onze vijanden. Er werd op ons gejaagd, ons leefgebied werd ingenomen, er waren er nog maar weinig van ons over.

Nu zijn mensen onze redders.

Ze leren ons de route die wij kraanvogels ooit vlogen.

Hoe? We volgen die ándere vliegenier langs de wijde, blauwe hemel.

Wij zijn de
vliegende honden.

Nachtelijke fladderaars, zoetekauwen.

Met duizenden leven we bij elkaar, hangend in de bomen van Afrika.

Is het woud in Kasanka National Park overladen met fruit, dan komen we van heinde en verre voor een feestmaaltijd.

Niet een paar, geen klein zwermpje, maar met z'n acht miljoenen tegelijk!

Wij zijn de Indische ganzen, hoogtekampioenen.

Boven de wolken is de lucht ijl en koud.

Er is weinig zuurstof, maar we weten van geen stoppen.

Urenlang klapperen onze vleugels terwijl we over de hoogste bergen racen – dag én nacht.

Onze vleugels slaan.
En slaan.
En slaan.

Kijk, daar beneden! De Himalaya!

Wij zijn de woestijnsprinkhanen, een krioelende zee van schrokkebrokken.

Gewoonlijk zijn er maar een paar van ons, allemaal in ons eentje.

Maar komt de regen en zijn de gewassen vers en groen, dan gebeurt er iets.

Plotseling zijn er miljoenen van ons!
Een gonzende wolk sprinkhanen!

We hebben zo'n honger,
we zwermen over de velden
op zoek naar eten.

Waar wij zijn langs geweest, zie je alleen nog kale vlaktes.

Wij zijn de Noordse sternen, daglichtdansers.

We jagen de zomer achterna, van pool tot pool.

Rond de Noordpool brengen we onze kuikens groot.

Samen vliegen we naar de Zuidpool,
op zoek naar vis en krill.

We zijn klein, we zijn snel, we zijn
wereldreizigers van pool tot pool.

Wij zijn de **zebra's**,
strepenzee op de Serengeti.

Altijd zijn we onderweg.

Onze hoeven dragen ons naar nieuwe vlaktes.

Met onze sterke tanden
knauwen we ons door het stugge gras.

De jonge sprietjes laten we staan,
die zijn voor de gnoes en antilopen.

Over het land
- kijk uit voor leeuwen!

Door de rivier - kijk uit voor krokodillen!

Met dreunende hoeven draven we voort.
Rommelend, stommelend, veel maakt veilig.

Gnoes!
Wel een miljoen!
Overal en overal!

Wij zijn de **ijsberen**.

We hebben gewacht op de winter.

We hebben gewacht tot de zee bevroor.

Nu alles koud en wit is, gaan we op reis.

We jagen door het vrieskoude Noordpoolwater.

Onderweg groeien onze jonkies groot en sterk.

Ze leren overleven in een koude, witte wereld.

Maar als de aarde opwarmt, zal er straks geen ijs meer zijn.
Als er geen ijs is, kunnen we niet jagen.

Hoe moeten wij ons redden in een warme, natte wereld?

Wij zijn de **rode landkrabben**, helden van Kersteiland.

We peuzelen ons een weg door blaadjes en zaadjes op de regenwoudgrond.

In een week zijn we bij de kust: golven rood bij golven blauw. Waarom zijn we helemaal hierheen gekomen? Om bij vloed onze eitjes weg te laten spoelen in de zoute zee.

Als de herfstregens komen,
is het tijd om te gaan.

Zij aan zij,
zijwaarts, zeewaarts.

Wij zijn de kousenbandslangen.
Wij zijn de winterslapers.

Elke herfst kruipen we met honderden bij elkaar in onze ondergrondse holen. Een grote kluwen, zo slapen we ons door de kou heen.

Komt de lente, dan kronkelen we naar buiten en wentelen ons in de zon.
Wat zijn we warm!
Wat zijn we wakker!
Klaar voor ons eigen nest.

We glijden naar ons zomerhol,
beschut door gras en kreupelhout,
niet ver van een meertje of rivier.

We reizen misschien niet zo ver als sommige andere dieren, maar we zijn stipt en strikt. Een slangentapijt, glibberend, slibberend, komt dat zien!

Wij zijn de **rendieren**,
zwervers van het ijzige noorden.

In eindeloze rijen reizen we elk jaar
verder dan ieder ander vierpotig dier.

Met onze wijd-gespreide hoeven stappen we in elkaars voetspoor om niet weg te zakken in de sneeuw.

In de lente trekken we naar de grazige weiden in het noorden. In de herfst verhuizen we naar het zuiden en schrapen het mos onder de sneeuw vandaan.

Nog even en onze reis begint weer van voren af aan.

Wij zijn de padden, gewone padden.

We trekken door tuinen en velden,
langs beken en wegen.

Tijdens onze jaarlijkse paddentrek zoeken we
het water op waarin we ooit zelf zijn geboren.

We springen door de nacht, vochtig en koel.

We springen waar ons paddenpad ons brengt.

We springen samen,
alle padden, een heleboel!

Wij zijn de **Afrikaanse olifanten**, giganten van de savanne.

We stampen door het hoge gras. **Woesj, woesj.**

We stampen over de droge aarde. **Bom, bom.**

Onze matriarch stampt voorop. Zij is het sterkste, oudste vrouwtje. Ze weet waar water en voedsel is.

Tijdens het hete seizoen vallen drinkplekken droog. Dorstige olifantenfamilies drommen samen tot één kolossale kudde.

We stampen en we stampen, alsmaar voort, tot aan de rivier.

Wij zijn de berglemmingen,
druktemakertjes, gravertjes.

We leven op de hoogvlaktes en toendra's van Noorwegen.

We knagen, we graven, we knabbelen,
we slapen en we krijgen baby's.

Héél, óntzettend veel baby's.

Soms, als er genoeg voedsel is, zijn het er ietsje té veel.

Te veel lemmingen!

We hebben meer ruimte nodig, meer eten!

Waar kunnen we heen?

We hollen onze holletjes uit, op zoek naar een nieuw thuis.

Wij zijn de **keizerspinguïns**.
We wonen in een bevroren wereld.

Kom, en schuifel met ons
over het gladde drijfijs.

Onze kuikens wachten op voedsel.

Onze partners wachten op hun
eigen schuifelbeurt naar zee
om vis te vangen.

We zijn er bijna!

Kijk, daar is onze kolonie!

Zwarte stipjes op hagelwit ijs!

Wij zijn de
Galapagos-landleguanen.
Warmtezoekers, stofwroeters, draken.

We wonen op de lavavelden van Fernandina,
een klein eiland ver weg.

Als het tijd is om onze eieren te leggen,
klauteren we naar de rand van een vulkaan.

In de zachte as graven we een nest.
De vulkaan houdt onze eieren warm
tot onze draakjes naar buiten kruipen.

Wij zijn de mensen.
We reizen de wereld rond.

We zoeken avontuur. We zoeken eten.
We zoeken antwoorden. We zoeken vrijheid.

We zoeken veiligheid.
We zoeken liefde.

Wij zijn de mensen.
We reizen de wereld rond.

Wereldkaart

Herken jij de plekken waar de dieren uit dit boek naartoe zijn gereisd?

Noordelijke IJszee

Noord-Amerika

Noord-Atlantische Oceaan

Noordelijke Grote Oceaan

Evenaar

Zuid-Amerika

Zuidelijke Grote Oceaan

Zuid-Atlantische Oceaan

Zuidelijke Oceaan

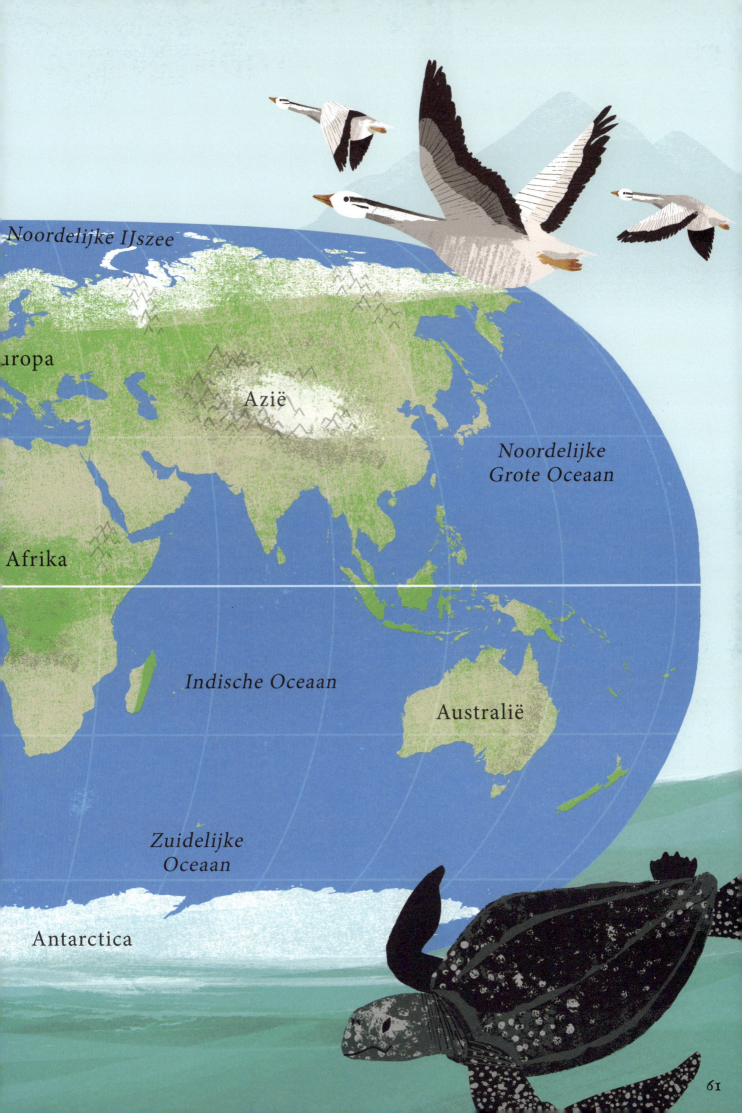

Reisfeitjes

Hier lees je welke ongelooflijke afstanden de dieren in dit boek hebben afgelegd.

Watermigraties

Lederschildpad

AFGELEGDE AFSTAND: 16.000 km per jaar
MIGRATIE: tussen warme gebieden om te broeden en koude om te eten
VERSPREIDINGSGEBIED: vooral tropische en gematigde wateren van de Atlantische, Grote en Indische Oceaan en de Middellandse zee

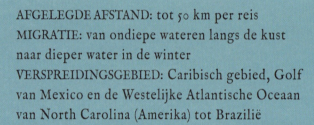

Caribische langoest

AFGELEGDE AFSTAND: tot 50 km per reis
MIGRATIE: van ondiepe wateren langs de kust naar dieper water in de winter
VERSPREIDINGSGEBIED: Caribisch gebied, Golf van Mexico en de Westelijke Atlantische Oceaan van North Carolina (Amerika) tot Brazilië

Bultrug

AFGELEGDE AFSTAND: 8200 km per reis
MIGRATIE: van poolgebieden om te eten in de winter naar tropische wateren om te paren in de zomer
VERSPREIDINGSGEBIED: alle oceanen

Zeeolifant

AFGELEGDE AFSTAND: 21.000 km per jaar (mannetjes) en 18.000 km per jaar (vrouwtjes)
MIGRATIE: naar open zee voor voedsel en in de winter terug naar de kraamkamers aan land
VERSPREIDINGSGEBIED: stranden en eilanden rond Californië en Neder-Californië, langs de kust van Noord-Amerika

Rode zalm

AFGELEGDE AFSTAND: meer dan 1600 km tegen de rivier op
MIGRATIE: van de oceaan via rivieren naar meren en beekjes om te paren en eieren te leggen
VERSPREIDINGSGEBIED: van de Beringzee tot Japan en van Alaska tot Californië

Paling

AFGELEGDE AFSTAND: tot 8000 km
MIGRATIE: volwassen palingen zwemmen van zoetwaterrivieren en -meren in Europa naar de Sargassozee in de Atlantische Oceaan; larven drijven op de oceaanstroom terug naar de Europese rivieren

Luchtmigraties

Robijnkeelkolibrie

AFGELEGDE AFSTAND: tot 6000 km per reis
MIGRATIE: van broedgebieden in het oosten van Noord-Amerika in de zomer naar overwinteringsgebieden in Midden-Amerika

Vliegende hond

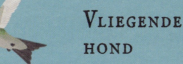

AFGELEGDE AFSTAND: tot 2000 km per reis
MIGRATIE: van broedgebieden rond de evenaar naar noordelijke en zuidelijke gebieden in Afrika om zich daar gedurende drie maanden te voeden met seizoenfruit

Reuzenalbatros

Recordhouder! Spanwijdte vleugels 3,5 meter
AFGELEGDE AFSTAND: tot 20.000 km
MIGRATIE: zwerft door de lucht boven de Zuidelijke Oceaan rond Antarctica op zoek naar voedsel

Indische gans

Recordhouder!
Hoogste vlieger
VLUCHTHOOGTE: meer dan 10.000 m
MIGRATIE: over de Himalaya

Monarchvlinder

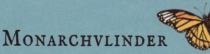

AFGELEGDE AFSTAND: tot 4600 km
MIGRATIE: tussen broedgebieden in het oosten van Amerika en Canada en overwinteringsplekken in Mexico; ook tussen broedgebieden in het westen van Amerika en overwinteringsplekken in Californië

Woestijnsprinkhaan

AFGELEGDE AFSTAND: een zwerm kan per dag 130 km afleggen, de gehele reis kan duizenden kilometers beslaan
MIGRATIE: van sub-Sahara Afrika en het Midden-Oosten naar omringende gebieden in Afrika, Zuid-Europa en Azië

Trompetkraanvogel

AFGELEGDE AFSTAND: tot 4000 km per reis
MIGRATIE: tussen noordelijk gelegen landgebieden (hoofdbestemming: Wood Buffalo National Park in Canada) en zuidelijke kustgebieden om te overwinteren (hoofdbestemming: Aransas National Wildlife Refuge in Texas)

Noordse Stern

Recordhouder! Langst gemeten vogelmigratie (96.000 km)
AFGELEGDE AFSTAND: rond 80.500 km per jaar
MIGRATIE: tussen broedgebieden rond de Noordpool (tijdens de noordelijke zomer) en Antarctica (tijdens de zuidelijke zomer)

Landmigraties

Zebra
AFGELEGDE AFSTAND: tot 3200 km per jaar
MIGRATIE: een rondreis achter de regens aan over de vlaktes van de Serengeti en Masai Mara in Oost-Afrika

Gnoe
AFGELEGDE AFSTAND: tot 3200 km per jaar
MIGRATIE: een rondreis achter de regens aan over de vlaktes van de Serengeti en Masai Mara in Oost-Afrika

IJsbeer
AFGELEGDE AFSTAND: tot 1125 km per jaar
MIGRATIE: Tussen de bevroren wateren van de Noordelijke IJszee in de winter en de toendra's van Noord-Canada, Groenland en Rusland in de zomer

Rode landkrab
AFGELEGDE AFSTAND: tot 4 km per reis
MIGRATIE: tussen het regenwoud en de kust van Kersteiland in de Indische Oceaan

Kousenbandslang
AFGELEGDE AFSTAND: rond 20 km per reis
MIGRATIE: tussen winterslaapholen en moerasgebieden in de zomer

Berglemming
AFGELEGDE AFSTAND: afstand: tot 160 km
MIGRATIE: plotselinge explosies in aantallen dwingen lemmingen eens in de drie tot vijf jaar op zoek te gaan naar minder dichtbevolkte gebieden

Rendier
Recordhouder! Langste migratie van een landzoogdier
AFGELEGDE AFSTAND: tot 5000 km per jaar
MIGRATIE: noordwaarts richting toendra in de winter, zuidwaarts richting bossen in de zomer
VERSPREIDINGSGEBIED: Canada, Groenland, Alaska, Noord-Rusland en gebieden in Noorwegen en Finland

Pad
AFGELEGDE AFSTAND: tussen de 50 m en 5 km
MIGRATIE: tussen winterslaapgebieden en broedmeertjes

Afrikaanse olifant
AFGELEGDE AFSTAND: honderden kilometers
MIGRATIE: over de Afrikaanse savanne op zoek naar voedsel, water of partners, afhankelijk van het seizoen

Keizerspinguïn
AFGELEGDE AFSTAND: tot 160 km per reis
MIGRATIE: tussen broedkolonies op Antarctica en de oceaan voor vis

Galapagos-landleguaan
AFGELEGDE AFSTAND: tot 16 km per reis
MIGRATIE: naar de krater van La Cumbre-vulkaan op het Galapagoseiland Fernandina om eitjes te leggen in de hete as